성경책별 집중연구(3)

저자 소개

총신대 종교교육학과(B.A)와 같은 신학대학원(M.Div), 아세아 연합신학대학 대학원(Th.M)을 마쳤다. 그 후 영국 카펜웨이바이블 스쿨을 수료했으며 미국 버지니아 리버티 신학대학원(D.Min)을 졸업했다.

서울 숭의 여중고교 교목과 예장 총회교육국 간사를 역임했으며, 영국 코벤트리 한인교회를 담임했다. 현재는 서울창성교회 담임목사이며 지하철 사랑의 편지 필자, 총신대 강사, 크리스천라이프센터 공동대표, EATS 교장으로 섬기고 있다.

저서로는 〈목사와 평신도〉 〈교사 위대한 힘을 꺼내라〉 〈청소년 설교 이렇게〉 〈요즘 내 아이 어떻게 키울까〉 등 다수가 있다.

초판 1쇄 발행 : 2008년 11월 17일

지은이 : 이진우
펴낸이 : 황성연
펴낸곳 : 도서출판 글샘
주　소 : 서울 동대문구 청량리1동 45-8
등　록 : 제124호(2001년 2월 23일)
ISBN : 978-89-913-5813-3
총　판 : 하늘물류센터
전　화 : 031-947-7777
팩　스 : 031-947-9753

평신도 · 소그룹 · 제자훈련

성경책별 집중연구

이 진 우 지음

글 샘

머리말

"오직 이것을 기록함은 너희로 예수께서 하나님의 아들 그리스도이심을 믿게 하려 함이요" (요20 : 31)

"모든 성경은 하나님의 감동으로 된 것으로 교훈과 책망과 바르게 함과 의로 교육하기에 유익하니" (딤후3 : 16)

— 우찌무라는 일본의 유명한 종교가이다. 하루는 그에게 어떤 대학생이 찾아와 심각하게 질문을 했다.

"우찌무라 선생님, 저는 성경에 나오는 모든 기적들을 믿을 수 없습니다. 예수님께서 물위를 걸으셨다는 이야기, 부활하셨다는 이야기 등은 정말이지 제 이성으로 이해할 수 없습니다. 그런 황당한 이야기나 이해할 수 없는 기적 등은 빼놓고 다른 내용으로만 성경 공부를 하면 안 될까요?"

우찌무라의 대답은 이랬다.

"학생, 성경에서 사람의 이성으로 받아들이기 어려운 기적들을 다 제하고 성경 공부를 한다면 성경에 꼭 두 가지만 남는다네. 그것은 바로 성경의 앞과 뒤표지뿐이지."

이 교재는 성경의 입문서입니다.

대부분의 성경공부가 특정 주제를 규명하기 위해 각 성경 증빙구절이 동원되거나, 특정 본문을 중심으로 깊게 넓게 심화해가는 스타일을 택하고 있습니다.

이런 교재들이 가지는 빈 구석을 보강하기 위해, 요즘은 성경전체의 내용이나 연대의 맥을 따라 내려가는 공부들이 인기를 얻고 있습니다.

그러나 본 교재는 위의 공부스타일들에서 얻을 수 없는 부분을 지향하고 있습니다. 즉 성경 각 책을 개관하며 그 핵심 내용과 기본 구조를 이해하게 하는 공부입니다. 엄연히 성경은 66권의 각 책이 있고 그들의 합일체가 바로 성경입니다. 따라서 각 권을 일목요연하게 짚어가는 접근은 신앙생활을 확신 있게 하려는 성도들에게 필수적인 단계일수 있습니다.

새신자반을 마친 성도들이 이 과정을 공부한다면 더욱 유익하리라 봅니다. 혹은 오랜 신앙생활을 했으나 다시금 성경을 연구하기 원하는 성도들이 소그룹— 구역이나 훈련반—에서 다루면 좋을 것입니다.

교재 구성은 단순한 편이며 각 과를 해 나갈 때 해당 성경의 책을 통독해나가는 형식을 취하면 더욱 좋겠습니다. 더구나 각 과의 초두에 마음열기(Ice Break)가 있어서 어느 그룹이나 편안하게 시작할 수 있습니다.

우리의 소그룹을 주님이 축복하시기를 빕니다.

저자 이진우 목사

인도자를 위한 조언

1. 지루한 침묵이 있을 때는

만약 질문했을 때 그 질문이 적절하고 괜찮은 것이었다면 마음을 느긋하게 먹고 편안하게 생각하라. 사람들에게는 생각할 시간이 필요하다.

만약 질문이 적합하지 않거나 중요한 요점을 빼 같은 장소, 같은 교재를 가지고 있어도 어떤 소그룹은 생동하고 어떤 소그룹은 지루하기만 하다. 그 차이는 리더가 어떻게 소그룹내의 문제들을 풀어가느냐에 있다. 먹은 것 같다면 당신이 준비했던 질문을 보완할 수 있도록 다시 고쳐서 질문하라.

이렇게 조원들을 격려하라. '눈을 보고 말하라(eye contact), 미소. 느긋하고 여유있는 자세, 말하는 사람을 향해 다가앉음으로 당신이 듣고 있음을 보여주기, 당신이 듣고 있음을 고개를 끄떡임으로 보여주기, 대답해 주셔서 감사합니다, 좋은 생각이군요….'

2. 틀린 답변이 나올 때는

상냥하고 친절하라, 당황하게 만들지 말라.

다른 조원들에게로 질문의 방향을 돌리라. "다른 견해를 가지고 있거나 여기에 더 첨가할게 있는 사람 있나요?" 라고 질문한다.

당신이 토론의 내용을 정리하면서 부적절한 답변을 배제하라.

3. 진지한 분위기를 방해하는 요소들은

모임의 장소를 제공한 사람에게 전화를 받지 말고 자동응답기를 사용하도록 하거나 아니면 전화선을 빼놓도록 요청하라.

만약 전체가 모이는데 계속적으로 스케줄에 문제가 생기면 그룹의 시간을 재조정한다.

방해거리가 그 어떤 것이 되었건 인내심을 가져야 할 것이다.

4. 어려운 질문에는

적절한 답변을 가지고 있지않다면 솔직하게 인정하고 조원들에게 연구해 보겠다고 말하라.

질문자들에게는 굉장한 질문이 될 수 있으므로 그들 스스로 조사하여 다시 그룹에서 토의하도록 한다.

5. 다룰 내용을 끝낼 수 없는 경우

처음 시작할 때부터 어느 정도의 지침(guidelines)을 설정하라.

내용의 각 부분마다 특정양의 시간을 할당하라.

"다 좋지만 우리는 다음 단계로 움직일 필요가 있습니다" 라고 말하는 것을 두려워하지 말라.

6. 유별난 수다쟁이가 있는 경우

"아직 아무것도 이야기할 기회를 못가진 사람들의 이야기를 들어봅시다" 라고 하면서 당신의 질문을 다른 순원들에게 돌린다.

말 많은 사람 옆에 앉아서 그와의 눈접촉을 최소화한다.

7. 침묵을 지키는 조원이 있는 경우

편안하게 대답할 수 있는 위험부담이 적은 질문을 하라.

말하기를 꺼려하는 사람들과 눈이 잘 마주칠 수 있는 곳에 앉는다.

8. 질문이 잦을 경우

질문한 사람에게 다시 되돌려서 질문을 한다. "참 좋은 질문이네요, 그런데 형제님은 어떻게 생각하세요?"

모든 순원들에게 돌아가면서 다 질문하라. "참 좋은 질문인데 여러분 모두는 어떻게 생각하지요?"

좋은 질문, 적절한 질문을 계속 계발하라.

9. 반대와 갈등이 있는 경우

"오늘 성경공부 끝난 이후에 이 내용에 대해 계속 토론할 수도 있을 것입니다. 지금은 오늘의 공부내용에 집중하도록 합시다."

만약 두 조원이 정기적으로 언쟁을 벌인다면, 리더는 그들 각자와 이야기할 필요가 있다.

차 례

제 27 과

성경은 어떻게 공부하나요

열린마음 가장 아름다운 말을 하나씩 발표해보자(예:평화…).

함께 읽을 말씀

청년이 무엇으로 그 행실을 깨끗케 하리이까 주의 말씀을 따라 삼갈 것이니이다 (시119:9)

성경을 펼칠 때마다 낯선 골목 앞에 선 것처럼 서먹하지 않습니까? 그렇다면 아직 당신은 그 책을 '하나님의 말씀' 으로 인정하지 못하고 있는 것입니다. 성경을 믿을 수 있다는 것은 그것을 주신 하나님이 신실하시기 때문입니다. 성경은 단순한 교훈이 아닙니다. 온 우주를 만드시고 지금도 유지하시는 하나님의 '자기 계시' 입니다.
하나님의 말씀을 공부하는 것은 성도의 특권이며 동시에 의무입니다.

Ⅰ. 왜 공부합니까?

1 신자의 일생과 말씀은 밀접한 관계가 있습니다(빈 칸을 채우십시오).
[보기 : 거룩한 삶, 성장, 거듭남]

벧전1:23	→	벧전2:2	→	요17:17

2 주님은 우리에게 '온전할 것' 과 '거룩할 것' 을 요구하고 계십니다. 시 119:9에 의하면 말씀을 통해 무슨 유익을 얻을 수 있나요?

....

....

3 그 말씀을 알고 있는 신자의 삶 속에 나타나야 할 임무 두 가지를 기록하십시오(딤후4:2).

① ....

② ....

Ⅱ. 어떻게 공부합니까? - 혼자서(Personal Bible Study)

성경을 혼자 공부하는 데는 통독(예:1일에 구약2장, 신약1장씩 1년간)과 정독이 있습니다. 정독은 매일 규칙적으로 주어진 적은 본문을 상고하는 것으로 경건의 시간(Q.T) 혹은 묵상으로 더 잘 알려져 있습니다. 그러나 엄격히 말하면 Q.T와 P.B.S(Personal Bible Study)는 구별됩니다.

4 등산과 비교하여 '산맥과 숲 전체를 보는 것→ 통독', '골짜기의 바윗돌이나 나뭇잎들을 보는 것 → 정독' 이라 한다면, 둘 중의 한 쪽이 결핍되면 어떤 현상이 일어날지 말해보십시오.

....

....

5 성경을 대하기 전에 꼭 해야 될 일은 무엇입니까? (시119:18)

....

....

6 시편 기자가 소원한 두 가지는 무엇입니까? (시19:14)

• P.B.S를 할 때에는 보통 열 구절 이내가 무난하다. 보조 교재들을 적절히 활용하는 것이 좋다(성경사전, 주석, 성구사전, 개역성경, 영어성경, 지도……). 특히 본문에 대한 선입관을 버리고 새로운 기대감을 가져야 한다.

Ⅲ. 어떻게 공부합니까? - 함께

모든 청중이 함께 강의를 듣기도 합니다. 그러나 여기서는 7~8명으로 이루어진 '소그룹 성경공부(Small Group Bible Study)' 에 대해 생각해 봅시다. 각각 교재를 들고 빙 둘러 앉아 한 사람의 리더와 조원들이 자유로이 토론을 합니다.

7 엡 4:2의 성도가 갖출 덕목은 성경공부 현장에서 어떻게 나타날 수 있습니까?

무엇보다 우리는 서로를 향해, 말씀을 향해 '열린 마음' 이 필요합니다.

8 엡4:3에서 말하는 바, 성경공부의 조원들은 어떤 관계 속에 있습니까?

9 엡 6:18, 19에 의할 때, 우리 교우들이 혹은 성경공부 조원들이 가져야 할 자세는?

...

...

도움

• 성경 말씀은 단순한 교양서적이 아니다. 성경은 우리를 인도하는 빛(시119:105)이요, 우리가 먹어야 할 양식이요(마4:4), 우리의 안내도요, 순례자의 지팡이요, 조종사의 나침반이요, 군인의 검이요, 그리스도인의 헌장이다! 그러므로 성경을 보라. 성경을 공부하라.

나눔

• 우리 성경공부 그룹은 앞으로 어떻게 해야 할까요?

• 성경공부에 임하는 나의 자세에 대한 결심을 씁니다.

묵상

모든 위대한 인물들은 먼저 어떻게, 누구에게 그리고 언제 순종해야 하는지를 배운 사람들이다.

수업일 20 년 월 일

제 28 과

신약을 소개합니다

열린마음 만일 당신이 100억짜리 복권에 당첨됐다면……. 지출 항목을 말해 보십시오.

함께 읽을 말씀

예수의 행하신 일이 이 외에도 많으니 만일 낱낱이 기록된다면 이 세상이라도 이 기록된 책을 두기에 부족할 줄 아노라(요21:25).

신약(New Testament)은 본래 1세기에 가장 널리 쓰이던 평범한 '코이네' 라고 불리우는 헬라어로 쓰여졌습니다. 신약은 그리스도께서 오신 후 인간의 구원에 대하여 하나님께서 사람과 맺으신 은혜의 언약입니다. 즉 구약에서 시작된 것이 신약에서 완성되었습니다. 구약이 주춧돌이라면 신약은 건축물입니다. 신약은 총 27권으로 예수님의 탄생부터 승천까지 교회의 확장, 그리고 새 하늘과 새 땅까지를 배경으로 하고 있습니다.

Ⅰ. 신약의 특성

1 보기의 내용들을 다음 ( )안에 채우십시오.

[보기 : 사도들, 유대인들, 초대교회, 예수, 누가, 바울]

'신약의 저자는 누가를 제외하고는 모두 ( )이다. 마태, 베드로, 요한은 ( )이었고 마가, 유다, 야고보는 ( )께서 죽기 전 사도들과 같은 ( )지도자들이었으며, ( )와 ( )은 그리스도 지상 생활의 목격자는 아니었지만, 목격자들을 통해서 잘 알고 있었다.'

2 도표 「성경의 구성」을 보며, 다음 (　　)란을 채우십시오.

〈성경의 구성〉

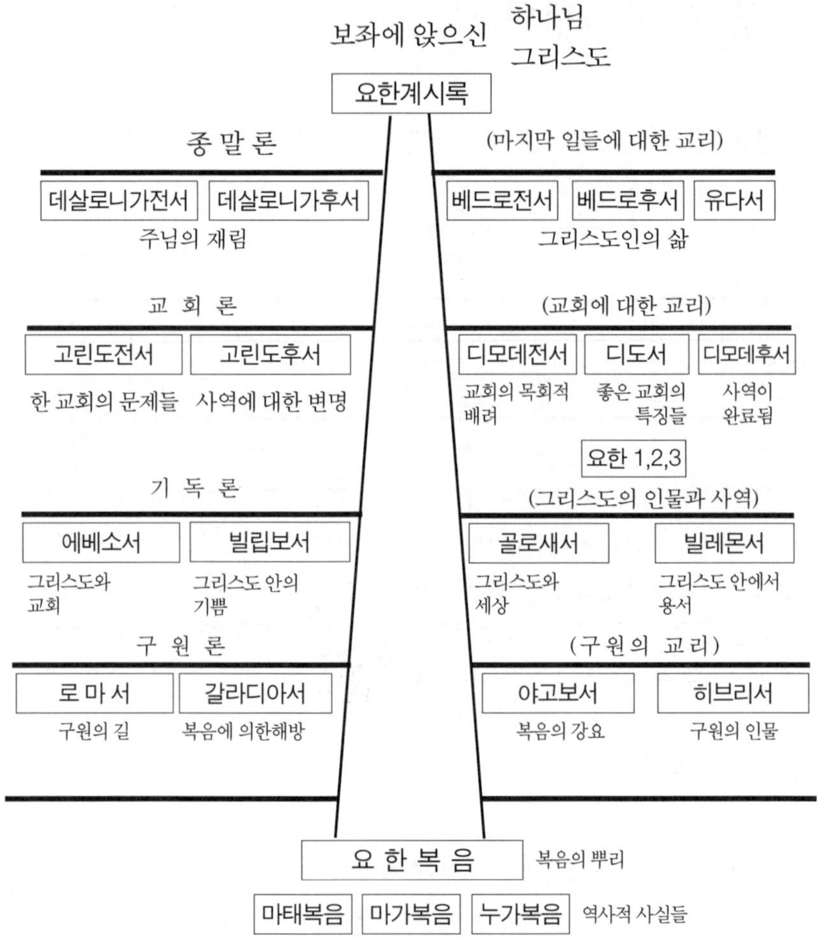

[보기 : 개인적, 교리적, 역사적, 예언적]

'처음 다섯 책들 마, 막, 눅, 요, 행은 (　　)특성이 있는 책들이고, 롬, 고, 갈, 엡, 빌, 골, 살, 히, 약, 벧, 유, 요일서는 넓은 의미에서 (　　)인 책들이다. 딤, 딛 몬, 요2,3서는 다른 서신처럼 그룹에게 주어진 것이 아니므로 (　　)인 것들이다. 계시록은 (　　)인 책이다.'

Ⅱ. 복음서와 역사서

③ 요한복음을 제외한 (　,　,　)은 (　　)이라고 불리웁니다.

④ 사도행전은 (　　)들을 통한 성령의 활동에 대한 기록입니다. 이방인의 전도자 (　　)은 유럽과 아시아를 (　　)번이나 여행하여 복음을 전했습니다.

'바울 그가 로마에 입성할 때, 로마에는 복음의 여명이 밝아오고 있었다.'

Ⅲ. 서신서와 예언서

⑤ 서신서는 주로 (　　)에 의해 쓰여졌으며, 그 외는 사도들이 기록했습니다(도표를 살펴 보십시오).

구분	배경	서신	연대A.D	주된 주제	일반적 목표	
I 여행중 서신	1차와 2차 여행 사이	갈라디아서	48	현재와 미래의 구원	복음전도	교회들에게
	2차 여행	데살로니가전후서	52			
	3차 여행	고린도전후서	55			
		로마서	56			
II 옥중서신	첫 번째 투옥	골로새서	61	그리스도와 그리스도인의 생활	교 화	
		에베소서				
		빌레몬서				
		빌립보서				
III 목회서신	출옥	디모데전서	62	교회와 일꾼들	확 립 개인적 작 별	개인들에게
		디도서	62			
	두 번째 로마 투옥	디모데후서	67			

6 신약의 예언서는 요한이 기록한 (   ) 한 권 뿐입니다.

도움

• 성경 27권을 정경으로 받아들인 표준은?

① 사도성 : 저자가 사도이거나 사도와 관계를 가진 이가 기록했어야 한다.

② 영감성 : 성령의 영감으로 기록된 책이라는 증거가 보여야 한다.

③ 보편성 : 교회가 보편적으로 받아들였어야 한다.

④ 내용 : 정경에 오를 만큼 영적 성격을 지녀야 한다.

나눔

• 4복음서의 기록이 조금씩 차이가 나는 것을 어떻게 설명할 수 있을까요.

신약성서의 시간적 배경

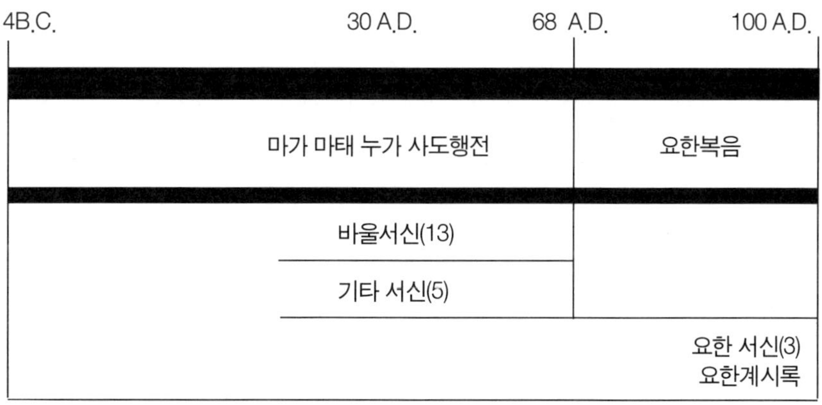

묵상

아담에서 아브라함까지는 인류 역사의 발자취를, 아브라함에서 그리스도까지에서는 택함 받은 족속의 역사를, 그리스도에서 우리에 이르기까지는 교회의 역사를 보여준다.

✣ MEMO ✣

수업일 20 년 월 일

제 29 과

마태복음을 소개합니다

열린마음 당신이 제일 가보고 싶은 곳은? 왜?

함께 읽을 말씀

아브라함과 다윗의 자손 예수 그리스도의 세계라(마1:1).

마태복음의 첫 구절은 오랫동안 고대해 왔던 사건을 발표합니다. "아브라함과 다윗의 자손 예수 그리스도의 세계라." 마태복음은 구약과 신약 사이에 없어서는 안 될 다리를 놓고 있습니다. 마태는 조심스레 구약 성경의 요절들을 인용(65회)하면서 예수 그리스도가 메시아(The Anointed One, 기름부음 받은 자)가 되신다는 사실을 기록하고 있습니다.
11장까지는 늘어나는 환영 가운데 무리를 가르치시고, 12~28장까지는 늘어나는 적대감 속에서 열두 제자를 가르치기에 심혈을 쏟습니다.

Ⅰ. 약속들의 결정(結晶)

예수님의 오심은 1천여년에 걸쳐 여러 선지자들이 했던 약속들이 이루어진 결정입니다. 그리고 하나님의 구속적인 계획은 400년간의 침묵이 흐른 뒤에도 그대로 살아 움직이고 있습니다.

1 다음의 구약 성구들은 어떻게 성취되었습니까?

- 사7:14→
- 미5:2→
- 호11:1→

2 '하나님께서 아브라함과 다윗에게 약속하신 그리스도에 대한 두 가지 언약은, 첫째 다윗의 자손 중 한 왕이 그 (　　)에 영원히 앉게 되리라는 말씀이었으며(삼하7:8~13), 둘째 하나님께서 아브라함과 더불어 하신 약속은 그를 통하여 온 땅의 무리가 (　　) 받는다는 언약이었다(창12:3).'

Ⅱ. 풍성한 가르침들

마태복음은 6개의 큰 설교로 가득 차 있습니다. 그들 중 다음을 상고하면,

3 산상보훈을 아십니까? 보기에서 골라 (　　)을 채워 넣으십시오.
[보기 : (행동, 심판, 태도) / (율법, 하나님, 세상사람들)

5장	거룩한 (　　)	(　　)앞에 우리는 어떻게 살 것인가?
6장	거룩한 (　　)	(　　)앞에 우리는 어떻게 살 것인가?
7장	거룩한 (　　)	(　　)앞에 우리는 어떻게 살 것인가?

4 13장은 천국 비유로 화려한 장입니다. 각각의 의미를 간략히 말해 보십시오.

비　유	성　구	당신이 깨닫는 의미
네가지 밭	13:3~9, 18~23	
알곡과 가라지	13:24~30, 36~43	
겨자씨	13:31,32	
누룩	13:13	
감추인 보화	13:34	
진주	13:45,46	
그물	13:47~50	

5 예수께서 제자들을 내어 보내시며 위탁하신 메시지는 요한(3:2)과 후에 그리스도(4:17)께서 친히 전하셨던 것입니다. 그 메시지는 무엇이었습니까?

6 예수님의 바리새인에 대한 규탄은 23장에 나타납니다. 그것을 살펴보시면서 간략히 써 보십시오(23:1~7,13).

- 지적된 죄들→
- 책망된 내용→

Ⅲ. 정리되는 생애

7 예수님의 여론 조사와 제자들의 반응에 대하여 등장된 인물과 예수님과의 유사점을 설명해 보십시오. "사람들이 인자를 누구라 하느냐"

- 세례요한(마3:2)
- 엘리야(왕상18:36,37)
- 예레미야(렘9:1)

그 선지자(신18:15~18)

그러나, 베드로의 고백은 무엇입니까?(16:16)

오늘 이 고백은 당신의 고백이기도 합니까?

8 24:35~44을 보고 오늘의 시대에 대하여 의견을 모아 봅시다.

9 주님의 지상 명령을 함께 낭독합시다(마28:18~20).

도움

• 마태복음은 예수께서 왕이심을 보여주기 때문에 '성취복음' 이라고 하며, 또한 '하늘과 나' 란 말이 많이 사용되기 때문에 '천국복음' 이라고도 하며, 또한 전체의 왕으로서의 예수님을 묘사하고 있기 때문에 '사자복음' 이라고도 부르고 있습니다.

나눔

• '회칠한 무덤' 과 오늘 우리의 모습과 어떤 유사점이 있다면… 어떤 부분을 들 수 있을까요?

묵상

진정한 종교는 단지 입으로 고백하는 신조에 불과한 것이 아니라, 살아가는 삶 그 자체이다.

수업일 20 년 월 일

제 30 과

마가복음을 소개합니다

열린마음 당신이 요즘 제일 즐기는 TV프로는? 그 이유는?

함께 읽을 말씀

인자의 온 것은 섬김을 받으려 함이 아니라 도리어 섬기려 하고 자기 목숨을 많은 사람의 대속물로 주려 함이니라(막10:45).

4복음서 중 가장 짧으면서 간결하게 기록된 마가복음은 '송아지복음' 이라고도 불리웁니다. 요한이라는 성을 가진 마가는 예수 그리스도의 생애를 명쾌하면서도 박진감있게 기록하고 있습니다. 간결한 해설을 군데군데 달아가면서 마가는, 설교하고, 병을 고치고, 가르치고 드디어 죄인들을 위해 죽어가는 종(Servant)되신 예수님의 모습을 그리고 있습니다. 대중을 섬기는 종으로서의 3년(1~7장), 제자들을 섬기는 종으로서의 6개월(8~10장), 그리고 세상을 위해 희생되는 마지막 8일(11~16장)이 펼쳐지고 있습니다.

Ⅰ. 대중을 섬기는 종

마가는 예수님을 하나님의 일을 위한 분주한 종, 즉 행동의 사람으로 묘사하기 위하여 탄생과 소년시절을 생략하고 있습니다.

1 큰 사역을 위해 예수께서 해야 했던 일은 무엇입니까? (막3:14~15)

그들을 세우신 목적은 무엇입니까?

① ……………………………………………………………………

② ……………………………………………………………………

2 고침받은 거라사인의 요청과 주님의 명령은 어떻게 달랐습니까? (5:18,19)

……………………………………………………………………

……………………………………………………………………

그 결과 어떤 일이 나타났습니까? (5:20)

……………………………………………………………………

당신은 가족과 친구들에게 "주께서 큰 일을 행하사 나를 불쌍히 여기신 것"을 말해줄 용의가 있습니까?

……………………………………………………………………

3 "복음서에 기록된 (　　)가지 (　　)가운데, 반 이상이 (　　)복음에 기록되어 있다. 이는 마가의 강조점이 그리스도의 (　　)보다 그분의 (　　)에 있었음을 보여주는 것이다."

[보기 : 사역, 말씀, 마가, 35, 기적]

Ⅱ. 제자들을 섬기는 종

4 제자들의 고백(8:29)을 받으신 예수님은 자신의 고난에 대하여 이렇게 예고하셨습니다. 간략히 써보면?(8:31)

……………………………………………………………………

5 대적들의 행위는 어디에 까지 이르렀습니까? (9:31)

....

....

6 제자들이 겪은 9:7~8과 9:26~27에서의 경험은 어떤 공통점이 있습니까?

• 어느 경우에서나 ( ) 한 분으로 족하며, 그분은 언제나 ( )이시다.

Ⅲ. 종의 고난

최후의 만찬이 열린 다락방의 주인인 마리아의 아들 마가는, 복음서의 40%를 예수님의 마지막 8일을 기록하는데 할애합니다.

7 "하나님께 바쳐지는 제물은 속된 목적을 위해 사용된 적이 없어야 한다(민19:2)."는 원리에 준하여 예수님의 생애에 어떤 일이 있었습니까?

(막 11:2) ....

(눅 23:53) ....

당신의 삶 속에서 드릴 수 있는 온전한 헌신은 무엇이라 생각합니까?

....

8 예수님은 친히 자신의 사역의 초점을 무엇이라고 선언했습니까?(10:45)

....

9 '이사야의 메시지는 하나님의 ( )이 세상을 구속하시려고( ), 하나님의 ( )이 되셨다는 것입니다. 마가는 ( )에서의 예수님의

고난이 이사야의 예언을 어떻게 성취하셨는지 기록하고 있습니다.'
[보기 : 죽기 위해, 아들, 종, 갈보리]

도움

- 예수께서 하늘로 승천하셨을 때 그는 하나님의 오른편(16:19)에 앉으셨습니다. 이는 구속사역의 '임무완수'를 뜻합니다. 그러나 바로 다음 구절이, 또 다른 의미에서 주님의 일은 계속되어야 함을 보여줍니다. 그것이 바로 오늘날 교회가 담당하고 있는 미완성된 과제로, 이 일을 주님은 당신에게 맡기셨습니다(16:15).

나눔

- 예수님이 제자들을 세우신 '목적 ①'에서 느끼는 바를 나눠봅시다(참조 요15:15).
- 마가복음이 16:20이 아닌 15:37에서 끝났다고 잠시 가정해 봅시다. 그렇다면…… 오늘 우리의 삶에 어떤 차이가 있을까요?

묵상

성경을 읽는 것은 당신의 태도에 따라서 힘든 의무가 될 수도 있고, 하나의 즐거운 연습이 될 수도 있고, 생활을 변화시키는 경험이 될 수도 있다!

제 31 과

누가복음을 소개합니다

열린마음 오늘은 모두 자신의 소지품을 내놓고… 그 용도를 설명해 보자.

함께 읽을 말씀

인자의 온 것은 잃어버린 자를 찾아 구원하려 함이니라(눅19:10).

헬라 안디옥 사람이며 의사인 누가는 바울을 통해 그리스도인이 되었습니다(행11:25~26). 4복음서 중 가장 길게 매력적인 문체로 서술해가는 확신에 찬 지성인 누가는 바울과 같이 감옥에 있는 동안 본서를 쓰면서 두 가지 목적을 가지고 있었습니다.
첫째는 친구인 데오빌로가 그리스도에 대한 확실한 지식을 갖게 하려는 것과, 아울러 두번째로 헬라인들에게 그리스도를 선포하려는 것이었습니다.
1~10장에서는 잃어버린 자를 찾으려 수많은 기적을 베푸시고, 10~18장에서는 수많은 비유를 베푸시며, 19~24장에서는 위대한 희생과 부활을 보이셨습니다.

Ⅰ. 심층연구

1 1장을 가득 채우는 것은 무엇입니까? 골라보십시오.

[탄식, 찬양, 고독]

24장의 50~53절은 어떻습니까?

결국 누가복음은 (　　)으로 시작하여 (　　)으로 마치고 있습니다.

2 누가가 추적한 그리스도의 족보(3:23~38)와, 마태의 족보를 비교해 본 후에 다음의 괄호를 채워보십시오.

마태의 족보 : 예수님의 (　　) 조상을 보여줍니다. 그러므로 남자인 (　　)을 통한 족보가 될 수밖에 없습니다.

누가의 족보 : 예수님의 (　　) 조상을 보여줍니다. 왜냐하면 예수님의 잉태는 (　　)으로 된 것이기 때문입니다.

[보기 : 실제적인, 법적인, 요셉, 성령]

3 4:1~13에서 예수님은 사단의 공격을 단지 '말씀의 인용'으로 이기셨습니다. 그렇다면 당신의 삶 속에서 강조되어야 할 것은 무엇입니까?

....

....

Ⅱ. 인자 예수

4 누가복음은 세상에서 버림받은 자를 위한 복음입니다. 예수님이 만난 사람들을 열거해 보십시오. 그리고 당신의 느낌도 말해 보십시오.

① 10:33→ ....

② 18:13→ ....

③ 23:39 행악자→ ....

5 19:41~44에서 주님은 무엇을 하십니까? 그 이유는 무엇입니까?

오늘 우리에게 필요한 것은 '울 줄 아는 마음' 입니다. 당신은 어떻습니까?

6 누가는 기도하는 주님의 모습을 많이 그렸습니다. 다음은 각각 어느 때의 기도이며, 그 목적은 무엇입니까?

① 3:21~22→

② 6:12~16→

③ 22:39~46→

Ⅲ. 인자의 고난

7 다음을 채워 넣으십시오(동산과 관계 깊으신 예수님)

"인류는 (　　　)동산에서 시작되었다. 예수께서는 (　　　)동산에서 심한 고생의 기도를 드렸다. 그는 (　　　)라는 동산에서 십자가에 못 박혀 장사되었다."

(참고-창2:8, 막14:32, 요19:17,41)

8 결국 누가가 기록한 예수님의 일생은 이렇게 요약될 수 있습니다.

- 그의 사신 목적(5:31, 32)
- 그의 죽으신 목적(20:37, 38)
- 그의 분부(24:46~48)

도움

• 누가는 예수님의 마지막 사건들을 기록하는데 유독 의학적인 관심이 뚜렷합니다. 예수님께서 기도하실 때 땀방울이 핏방울같이 되었다든지, 검이 빗나가 대제사장 종의 귀를 잘랐다든지, 십자가 형틀 위에서의 처절한 고뇌 등을 기록했습니다. 그러나 셋째 날, 여인들이 텅 빈 무덤을 발견할 때 고뇌는 승리로 바뀝니다. 인자는 다시 사셨습니다. 이는 만방에 전해야 할 기쁜 소식입니다!

나눔

• 악한 청지기에서 보는 「충성 테스트」입니다(구체적인 예를 들어 보십시오).

나는 ┌ 지극히 작은 것에 충성하는가? (16:10)
├ 돈으로 충성하는가? (16:11)
└ 남의 것에 충성하는가? (16:12)

묵상

그리스도인의 자격은 다른 사람들이 하나님을 믿는 일을 쉽게 만들어주는 사람이다.

수업일 20 년 월 일

제 32 과

요한복음을 소개합니다

열린마음 "내게는 이런 약점이 있다." 발표해 보자.

함께 읽을 말씀

오직 이것을 기록함은 너희로 예수께서 하나님의 아들 그리스도이심을 믿게 하려 함이요 또 너희로 믿고 그 이름을 힘입어 생명을 얻게 하려 함이니라(요20:31).

본서는 A.D 85년경 에베소에서 기록된 것으로 당시 교회는 성숙의 과도기를 거치고 있었습니다. 그래서 요한은 예수 그리스도의 인격과 하신 일을 믿음으로 사람들이 영생을 얻게 할 구체적인 목적으로 이 책을 썼습니다.
요한복음은 다른 공관 복음과는 달리 '보충복음' 으로서의 특징을 갖고 모든 사건들을 역사적으로 서술하지 않고 '의미적' 으로 배열했습니다. 우선 7가지 중요 이적(1~12장)을 기록하고, 제자들과 마지막으로 나누었던 대화들(13~17장)을 기술하고, 체포, 재판, 십자가 지신 것과 부활(18~21장)을 극적으로 묘사하고 있습니다.

Ⅰ. 하나님의 아들

요한복음의 각 부분은 예수님께서 늘 주장하셨던 대로 '하나님의 아들' 이심을 확증합니다.

1 예수님의 신성을 입증하기 위한 일곱 가지 표적들을 찾아보십시오

(2,4,5,6,9,11장 참조).

① ....

② ....

③ ....

④ ....

⑤ ....

⑥ ....

⑦ ....

2 예수님의 참된 신분을 입증하는 다섯가지 증거를 말하면?

① 5:33 → ....

② 5:36 → ....

③ 5:37 → ....

④ 5:39 → ....

⑤ 5:31→예수님 자신의 증거(예) ....

3 성경은 결국 무엇을 증거합니까? (5:39)

....

....

'예수님의 자기 선언' 을 보십시오.

6:35→ ....

7:28→ ....

8:11,12→ ....

Ⅱ. 하나님의 아들의 위로

다락방 강론은 죽음을 목전에 두고 예수님께서 최후로 제자들에게 들려준 훈계와 격려의 말씀들을 포함하고 있습니다.

4 각 부분의 내용을 보기에서 찾아 넣어 보십시오.

[보기 : ① 전 세계의 제자들을 위한 중보기도 ② 오시어 제자들을 강건케 하실 성령 ③ 참된 섬김의 본을 보이심]

13장 ………………………………

14~16장 ………………………………

17장 ………………………………

5 17장은 예수님의 기도의 모본을 제시하고 있습니다. 각 부분의 기도의 대상을 살펴보십시오.

1~6절 　　　위해
6~19절 　　　위해
20~26절 　　　위해

점점 확장되어가는 기도의 폭은 다음의 그림을 연상케 합니다

Ⅲ. 하나님의 아들의 수난과 승리

다음 (　　)안을 보기에서 골라 채우십시오.

6 (　　)의 십자가에 다다르기 전에, 예수께서는 여러 명의 연약한 사람을 죽이기에 족한 수모와 (　　)을 당하셨습니다. 19:1절에 나오는 태형은 (　　)조각이 박혀 있는 막대기나 회초리로 (　　)하는 잔인한 고문이었습니다. 대부분의 사람들은 이런 상황에서 (　　)하거나 죽었

습니다. 예수님의 경우에는 그 (　　)을 알아볼 수 없을 정도로 상했습니다(사52:14). 게다가 머리에 씌어진 (　　)과 로마군들의 (　　)(19:2,3)을 가미해 보십시오. 그러면 당신은 (　　)선지자의 말을 수긍케 될 것입니다(사53:3~5).

[보기 : 쇠붙이, 고통, 갈보리, 채찍질, 얼굴, 기절, 가시면류관, 주먹질, 이사야]

7 부활 후 (　　　)이나 제자들에게 나타나셨으며, 그들 속에 있는 (　　)들을 씻어주시려 하셨습니다. 특히, 그를 (　　)이나 부인한 (　　)에게 주를 (　　) 시인하는 두 번째 기회를 주셨습니다.

[보기 : 세 번, 열 번, 베드로, 슬픔]

도움

- 요한복음에는 예수 그리스도가 하나님이심을 믿게 하는 7가지 증언이 있습니다.
  ① 1:34 ② 1:49 ③ 6:69 ④ 11:27 ⑤ 20:28 ⑥ 20:31 ⑦ 10:36
- 복음이 요3:16만큼 더 간결하게 표현된 곳은 따로 없을 것입니다. "하나님(God)이…독생자(Only son)…멸망(Perish)…영생(everlasting life)…" 이들 첫 글자를 모으면 'Gospel(복음)' 이 됩니다.

나눔

- "예수님은…이시다" 라는 문장과 "나는…이다" 라는 문장을 각각 5개씩 만들어 보십시오.
- 다음의 도표를 살펴보십시오.

역사적 배경

교회	예루살렘 유대 및 사마리아의 복음화 (행 1-12) / 바울의 해외선교 시작 / 교회들이 에베소 주변에 설립됨 (행18:23 ~20:38) / 그리스도인에 대한 반대가 심화됨 / 로마 타버림 (64) / 예루살렘 멸망 (70) / 요한이 밧모에 유배됨
A.D	14 30 37 41 47 52 54 56 64 70 79 81 96
로마 황제들	디베료 / 갈리굴라 / 글라우디아 / 네로 / 리우스 토비멜 갈비오 / 파시안베스 / 디도 / 도미티안
	요한의 것을 제외한 모든 신약이 이때 기록됨 / 요한에 의해: 복음서 서신들 계시록 / 요한계시록은 이때 쓰여짐
요한의 사역	예루살렘 교회의 지도자 → (정확한 이동 연대는 알려지지 않음) → 소아시아에서 새롭게 주제하며 사역함

묵상

오늘날 우리는 두 가지 중 하나를 택해야 한다. 예수를 하나님으로 믿든지, 아니면 사기꾼으로 믿든지 둘 중에 하나이지 그 중간은 없다.

✣ MEMO ✣

수업일 20 년 월 일

제33주제

사도행전을 소개합니다(1)

열린마음 당신의 재산목록 제1호는 무엇인가?

함께 읽을 말씀

오직 성령이 너희에게 임하시면 너희가 권능을 받고 예루살렘과 온 유대와 사마리아와 땅 끝까지 이르러 내 증인이 되리라 하시니라(행1:8).

본서는 사복음서와 서신들을 연결시켜주는 교량역할을 할 뿐 아니라, 예수님의 지상활동에 대한 전편(복음서)에 이어, 예수님의 천상활동 즉 성령을 통하여 어떻게 선교를 진행하고 있는가를 보여주는 후편입니다. 본서는 누가가 쓴 것으로 누가복음과 늘 붙어다녔습니다. 그것은 누가복음은 주님의 승천으로 마무리하고 있으나, 사도행전은 주님의 승천으로 시작하고 있기 때문입니다. 1~12장은 교회의 설립과 유대와 사마리아로의 분산을 보여줍니다.

Ⅰ. 권능을 받는 교회

주님은 사흘만에 부활하셔서 그를 믿는 모든 자들에게 부활을 실증해 주셨고, 그 후 사십일 동안 지상에 계시면서 그의 제자들이 확신있게 복음을 전할 수 있도록 산 교육을 시키셨습니다.

1 승천하시는 주님이 대신 보내실 분은 누구이며, 그분은 무엇을 위해 오신다고 하셨습니까? (1:8)

2 1:21~26에 의하면 제자들은 새 일을 위해 무슨 일을 했습니까?

3 다음 (　　)안을 채우시오(2:1~13).

'주의 말씀을 받들어 (　　)명이 함께 기도에 힘쓰고 있을 때, (　　) 날에 (　　)의 강한 역사가 임하게 되었습니다. 그들은 또 (　　)을 했는데, 각처에서 온 사람들은 모두 자기들의 지역 말을 듣게 됨에 놀랐던 것입니다.'

Ⅱ. 성장하는 교회

모든 교회는 문제를 가지고 있습니다.

4 "새로 조직된 (　　)교회도 예외는 아닙니다. 베드로가 (　　)를 고친 이후, (　　)에 의한 복음전파 방해공작, (　　)와 삽비라의 죽음, 교회 내 (　　)문제로 인한 불화, 스데반의 설교와 (　　) 등, 시련의 물결이 계속 밀어닥쳤습니다. 그러나 그런 역경에도 불구하고 하나님은 계속 역사하고 계셨습니다."

[보기 : 예루살렘, 산헤드린, 앉은뱅이, 구제, 아나니아, 순교]

5 초대교회의 수적 성장은 놀라운 것이었습니다.

1:15절(　　)명→2:41(　　)명 이상→4:4 남자만도 (　　)명→6:7 심히 많아짐…… 그 이후 당신의 (　　)교회에도!

6 7장은 최초의 평신도 순교자인 스데반에 대한 기록입니다. 그는 어떤 사람이었습니까? (6:5)

그는 왜 죽임을 당하게 되었습니까? (7:54)

그 순간 그는 예수님의 어떤 모습을 보았습니까?(7:55) 감격스런 일입니다.

Ⅲ. 확대되는 교회

예루살렘 성도에 대한 핍박은 그들을 유대와 사마리아 지역으로 흩어지게 만들었습니다.

7 빌립이 전파한 지역은? (8:5)

예루살렘에 있던 사도들이 놀란 이유와 그 조치는? (8:14,15)

8 드디어 복음은 인종의 장벽을 넘기 시작했습니다(8장,10장 참고).

		신 분	만난전도자	어떤 사람	결 과
8장	에디오피아인	(27)	(29)	(28)	(38)
10장	고 넬 료	(1)	(5)	(2)	(48)

※ (　)안은 참고절임

9 복음의 박해자 헤롯의 행적을 간략하게 기사화 하십시오(12장) : 당신은 지금 기자입니다(참고 : 2~4, 18~19, 21~23).

도움

- 사도행전은 1:8절에 따라 구분할 수 있습니다.
  "오직 성령이 너희에게 임하시면(1,2장), 예루살렘과(3~7장), 온 유대와, 사마리아와(8장) 땅 끝까지 이르러 내 증인이 되리라(9~28장)."

나눔

- 행복한 에디오피아인이 빌립을 만난 후 돌아가던 모습은 어떠했을까요? (8:39) 이같은 모습이 당신에게도 있습니까?
- 왜 베드로가 고넬료를 만나러 가기를 주저했을까요? 이와 비슷한 현상이 우리의 전도 생활 속에 있을 수 있습니까?

묵상

하나님께서는 교회를 친절과 봉사와 사랑이 넘치는 공동체로써 살아 움직이도록 설계하셨습니다. 교회는 믿음의 열광자들끼리 모여서 결성한 사교클럽이 아닙니다.

수업일 20 년 월 일

제 34 과

사도행전을 소개합니다(2)

열린마음 예수 믿기 때문에 손해 본 어떤 경험이 있는가?

함께 읽을 말씀

나의 달려갈 길과 주 예수께 받은 사명 곧 하나님의 은혜의 복음 증거하는 일을 마치려 함에는 나의 생명을 조금도 귀한 것으로 여기지 아니하노라(행20:24).

사도행전의 13~28장까지는 예수님께서 천상에서 택하신 사도인 바울을 통한 복음의 확장을 보여줍니다. 바울의 1, 2, 3차 선교 여행과 로마로 가기까지의 여행을 통하여 땅 끝까지 복음이 전파되어 나갑니다. 본서는 사람들을 통하여 역사하신 성령의 활동을 기록한 책입니다.

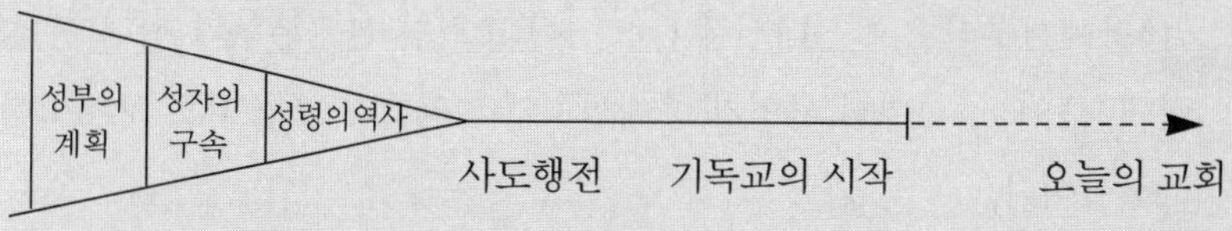

Ⅰ. 사울의 회심

1 청년 사울이 등장하는 현장과 그가 했던 역할을 써 보십시오(7:58, 8:1).

그 일을 훗날 어떻게 회고합니까? (22:20)

2 이 같이 변할 수도 있다!

9:1,2과 21,22에서의 바울의 모습을 요약하고 이 변화의 원인을 말해 보십시오.

이 같은 변화가 내 자신에 있는지 살펴봅시다.

Ⅱ. 선교사 바울의 여행

3 13:1~3을 참조하면서;

'13장에서부터 (　　)대신에 (　　)이 교회의 선교본부가 됩니다. 성령께서는 (　　)명의 사역자 중에서 (　　)와 (　　)을 따로 보내도록 하셨습니다.'

4 '이방인을 위해 택한 그릇' 바울은 (　　)차에 걸쳐 선교 여행을 하게 됩니다. 그는 선교사로서 외국문화에 적응하지 않아도, 외국어를 배우지 않아도 되었습니다. 그 이유를 설명할 수 있습니까?

5 주로 아시아 지역을 전도하던 바울에게 어떤 일이 일어났습니까? (16:9)

그 후, 그의 행로가 어떻게 변합니까? (16:12)

6 긴 선교여행이 에베소에서 끝납니다. 그가 에베소 장로들에게 부탁한 것을 요약해 보십시오(20장).

① 22→

② 28→

③ 31→

※ 여행 요약

	여행기간	장 소	인 물
1차	2년	갈라디아	바울, 바나바
2차	3년	마게도니아, 아가야	바울, 실라
3차	4년	소아시아	바울과 그 일행

Ⅲ. 선교사 바울의 수난

7 바울과 예수님의 마지막 예루살렘 방문 예정에는 어떤 유사점이 있습니까?

· 행21:10,11 ↔ 막10:33

· 행21:14↔눅22:42

8 부당한 재판을 받고 있던 바울은 어떻게 합니까? (25:11)

....

....

그 결과는 무엇입니까? (25:12)

9 죄수의 신분인 바울이 전하는 복음에 대한 로마 사람들의 반응은 어떠했습니까?(28:23,24)

....

....

그럼에도 불구하고 바울의 자세는 어떠합니까? (28:31)

....

....

그 이후 바울은 투옥과 방면이 반복되는 가운데 로마의 황실에까지 복음을 전합니다. 그리고 네로의 박해 때(A.D 67년) 순교의 대열에 섰습니다.

도움

• 사도행전의 주제는 부활승천하신 주님께서 성령으로 역사하시는, 즉 살아계신 주님이십니다. 이 책은 성경 가운데 유일한 '미완성 책' 으로써 우리에게 전해졌습니다. 사도행전은 기원의 책입니다. 기독교회, 사도들의 설교들, 기독교 박해, 순교자들, 이방의 개종자들, 교회의 권징, 교회 회의들, 해외선교, 기독교 공동집회, 집사들과 감독들, 세례와 집회들, 그리고 그리스도인이라는 명칭의 기원이 있습니다.

나눔

• 사도바울은 사울("하나님께 묻다")이라는 당당한 이름을, 바울("작은 자")이라는 비천한 이름으로 바꾸었습니다. 여기에서 느끼는 바를 말해봅시다.

묵상

신자들을 박해하던 사울에게 주님은 "네가 어찌하여 나를 핍박하느냐" 고 물으셨다. 이 사실은 얼마나 우리를 격려하여 주는가?

✤ MEMO ✤

수업일 20 년 월 일

제 35 과

로마서를 소개합니다

열린마음 "내가 제일 흥미있는 과목은 ( )이다." 그 이유는?

함께 읽을 말씀

내가 복음을 부끄러워하지 아니하노니 이 복음은 모든 믿는 자에게 구원을 주시는 하나님의 능력이 됨이라 첫째는 유대인에게요 또한 헬라인에게로다(롬1:16).

바울의 대걸작 로마서는 신약에 나오는 바울의 서신 가운데 제일 먼저 나오는 서신서입니다. 사복음서가 그리스도의 지상생활과 죽음에 관한 사실을 기록했다면, 로마서는 그 모든 것의 배후에 있는 '의미' 를 설명합니다.
질문 응답식의 형식을 통하여 바울은 성경에서 가장 조직적인 교리체계를 제시하고 있습니다. 또한 동시에 실제적인 권고를 담고 있는 책이기도 합니다.
1~11장이 교리편이라면, 12~16장은 실천편입니다.

Ⅰ. 죄의 종

바울이 말하고 있는 모든 내용의 밑바닥에는 '죄' 라는 한 가지 근본적인 인간의 문제가 깔려 있습니다. 인류는 거룩한 하나님 앞에서 유죄 판결을 받고 있습니다.

1 3:10~18에서 해부된 인간의 악성질환을 지적하십시오.

· 인간의 마음 : ....

· 목구멍 : ....

· 혀 :

· 입술 :

· 입 :

· 발 :

· 눈 :

그러므로 그 자연스런 결과는?(3:20)

2 3:23에서 내리는 최종 판결은 무엇입니까?

3 그러나 하나님의 처방은 어떻습니까? (3:24)

Ⅱ. 하나님의 초청

4 인류에게 가장 좋은 소식은 무엇입니까? (1:16)

5 이에 대한 하나님의 적극적인 대안은 무엇입니까? (5:8)

6 그래서 하나님은 한 사람이 모든 사람을 대신하는 희생을 준비하셨습니다(5:12~21).

아담으로 말미암아	예수로 말미암아
(5:12)	(5:15)
(5:16)	(5:16)
(5:19)	(5:19)
(5:20)	(5:20)

7 롬6:16~18에서 말하는 새 주인의 원리

"과거에 당신은 ( )의 노예였습니다. ( )는 당신의 주인이었습니다. 그러나 지금은 ( )안에서 ( )께 새로운 종이 되기 위해 그 속박에서 벗어난 것입니다. 이제 당신은 새로운 주인이신 ( )의 지시를 따르십시오."

Ⅲ. 하나님을 섬기는 종

당신이 믿는 내용이 무엇이냐에 따라 당신의 행동이 결정되기 마련입니다.

8 그리스도인의 생활에 주어진 과업들은 무엇입니까?

- 하나님께서 당신에게 맡겨주신 은사를 사용하여 서로→
- 주님께서 보여주신 사랑과 순종의 태도를 따라 권세에→
- 양심의 문제에 있어서 연약한 형제의 필요에→
- 그리스도의 마음을 소유함으로 목적과 뜻에→

[보기 : 섬기십시오, 순복하십시오, 민감하십시오, 같이 하십시오.]

9 20세기를 살고 있는 당신의 삶을 위한 권고

① 12:10 ....

② 12:12 ……………………………………………

③ 12:17 ……………………………………………

④ 12:19 ……………………………………………

• 누구든지 그리스도인처럼 행동(act)할 수는 있지만, 참된 그리스도인이 아니라면 아무도 그리스도인처럼 반응(react)할 수 없다는 것을 기억하십시오.

도움

• 이스라엘의 과거는 하나님의 주권적인 선택으로 특징 지어지고 있습니다. 이스마엘 대신 이삭, 에서 대신 야곱, 바로 대신 모세를 선택한 것이 그 좋은 예입니다. 이스라엘의 현재는 이스라엘이 하나님의 끈질긴 초청에 끈질기게 거부반응을 보였기 때문에, 하나님의 버림을 받은 것으로 나타났습니다. 그러나 이 백성의 미래는 위로와 축복의 약속을 안고 있습니다. 하나님께서 자기의 택한 백성을 버리심은 '전체적' 이거나 '최종적' 이 아니기 때문입니다.

나눔

• 다음의 그림을 보고 나름대로 설명해 보십시오

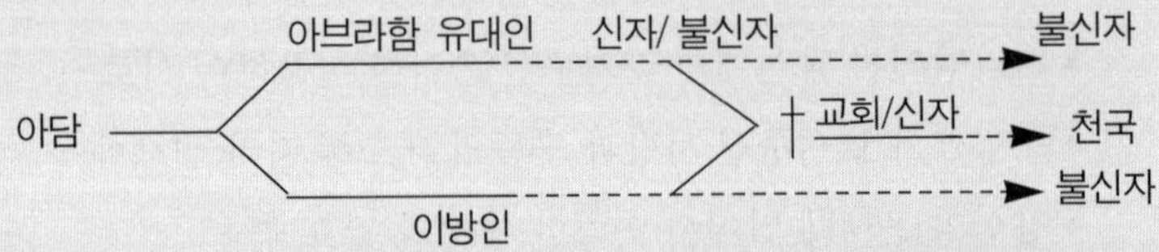

묵상

우리는 범죄했기 때문에 죄인이 아니라 죄인이기 때문에 죄를 짓는다는 사실을 기억해야 합니다.

수업일 20 년 월 일

제 36 과

고린도전서를 소개합니다

열린마음 당신이 기억나는 시인을 말하고 시 하나를 낭송해 보라.

함께 읽을 말씀

오직 부르심을 입은 자들에게는 유대인이나 헬라인이나 그리스도는 하나님의 능력이요 하나님의 지혜니라(고전1:24).

1세기의 고린도는 남부 헬라의 대표적인 상업중심지였습니다. 주로 아프로디테를 섬기던 이 도시는 성 도덕의 문란과 우상 숭배로 영과 육이 썩어들어 가는 생활을 하고 있었습니다. 그럼에도 불구하고 바울은 그의 제2차 전도여행 때 그곳에 교회를 세울 수 있었습니다(행18:1~17). 고린도 교회는 성장하였지만 문제들도 많은 교회였습니다. 바울은 이러한 무질서의 문제들을 다루며 교인들이 제기한 질문에 답하기 위해 본서를 기록하였습니다. 1~6장은 교회 내부의 분열에 대한 견책, 7~16장까지는 분쟁과 무질서, 그리고 교리적 쟁점들에 대한 답변으로 되어 있습니다.

I. 고린도 교회의 혼란상태

바울이 에베소에 있는 동안 글로에의 집으로부터 고린도교회에 분쟁이 있음을 듣게 되었습니다.

1 고린도 교회에 대한 스케치

"이 교회의 신자들 대부분은 (　　)(행18:7)이었고 (　　)들은 그 일부

였습니다(행18:8). 그들의 공통점은 (   )편이었고(1:26~) 신앙의 성숙도가 (   )(3:1) 신앙이 어린 자들이었습니다."

2 이들의 문제의 핵심은 무엇이었습니까? (3:3~5)

요13:35의 예수님의 교훈과는 어떤 관계가 있습니까?

3 3:9~15을 상고하여 다음을 채워봅시다.

집		건물의 건축자	
집의 소유자		건축의 재료들	
터		건축물의 시험	
터의 건축자			

당신은 어떤 집을 집고 있는 자입니까?

Ⅱ. 삶의 원리들

4 10:23-28은 당신의 '식습관' 에 대해 무엇을 말하고 있습니까?

5 10:14은 돈을 우상시하는 현대인들에게 무엇을 제시합니까?

6 결국 모든 행위의 초점은 어디로 모아져야 합니까? (10:31)

Ⅲ. 깊은 발견들

7 다음을 보기에서 골라 넣으십시오.

"고린도전서 ( )장은 보통 '사랑장' 이라고 불립니다. 왜냐하면 사랑의 위대한 ( )들을 아름답게 설명하기 때문입니다. 그러나 ( )상으로 볼 때 사랑을 ( )하는 것이 ( )들을 행함에 있어서 절대적으로 필요했던 ( )교인들을 향한 준엄한 책망입니다."

[보기 : 속성, 13, 문맥, 고린도, 영적은사, 실천]

8 14:40에서 발견하는 예배의 원리는 또 무엇입니까?

9 바울의 자기 발견을 찾아봅시다.

AD 59년, 고전 15:9

AD 64년, 엡3:8

AD 65년, 딤전1:15

당신의 자기 발견은?

도움

- 당신의 미래를 위한 하나님의 프로그램은 무엇일까요?
"당신의 몸은 썩지 않을 것입니다(15:42). 영광스럽고 강력할 것입니다(15:43). 신령한 몸일 것입니다(15:44). 영원히 죽지 않을 것입니다(15:44~47). 순식간에 홀연히 부활의 몸으로(15:51-52) 변화될 것입니다."

나눔

- 하나됨을 깨는 것은 사단의 일입니다. 당신은 많은 경우에서 연합시키는 자입니까? 아니면 분열시키는 자입니까?
- 6:9~13을 읽고 오늘 이 시대에 어떻게 살아야 될지를 말해 보십시오.

묵상

교회라는 기구조직을 만드는데 너무 신경을 쓰다가 보일러에 불이 꺼지게 하는 일이 없도록 하라.

수업일 20 년 월 일

제 37 과

고린도후서를 소개합니다

열린마음 '나는 나의 성격을 이렇게 생각한다...' 발표하기

함께 읽을 말씀

우리의 모든 환난 중에서 우리를 위로하사 우리로 하여금 하나님께 받는 위로로써 모든 환난 중에 있는 자들을 능히 위로하게 하시는 이시로다(고후1:4).

사도 바울은 이미 보낸 고린도전서를 고린도 교회가 어떻게 받아들였는지 매우 궁금했습니다. 늦게야 그 소식을 가져온 디도를 만난 바울은 즉각적인 행동의 필요성을 느꼈습니다. 기쁨과 의문이 교차되는 가운데 바울은 이 서신 전체를 통하여 예수 그리스도의 사도로서의 자신의 언행과 인격과 소명을 변호합니다. 1~5장에서는 위로를, 6~9장에서는 구제 헌금에 대한 촉구와 권면을, 10~13장에서는 자신의 사도로서의 권위를 입증하고 있습니다.

Ⅰ. 영접 혹은 배척받는 사도

고린도전서와 같은 편지를 받아보고 중립을 지키기란 어려웠을 것입니다.

1 어떤 이들은 어떻게 반응했습니까? (7:9)

2 그러나, 사실 바울은 그 인격과 행동에 대해 다음과 같이 공격을 받았습니다.

"그는 (　　　)스럽고(1:17~23), (　　　)하고(3:1), (　　　)하고(7:8~10), (　　)하며(10:10), (　　)하고(11:6) 그리고 부정직하다(12:16~19)."

[보기 : 무례, 약, 약탈, 교만, 변덕]

3 고린도 교인들-물론 우리도-은 무엇이 되어야 했습니까?

2:14→ ....

5:20→ ....

Ⅱ. 구제를 위한 권면

바울은 고린도 교인들에게 다른 교인들의 예를 들려주고 있습니다.

4 마게도냐 교인들의 형편은 어떠했습니까? (8:2)

....

....

불구하고 그들이 한 일은? (8:2~5)

....

....

5 현재 고린도 교인들의 형편은 어떻습니까? (8:13~15)

....

....

....

헌금의 기본 원리는 무엇입니까? (9:7)

⑥ 주님이 말씀하신 마6:24를 보고 당신의 '재물에 대한 자세' 를 수정해 보십시오.

Ⅲ. 바울의 가시

⑦ 바울 사도는 일생 동안 육체의 가시-그것이 무엇인지 정확히는 모르나-를 지니고 있었습니다(12장에서).

가시	바울의 간구(12:8)	
	하나님의 답변(12:9)	
	가시의 목적(12:7)	
	그 기원(12:7하)	

심지어 사도 바울에게도 치료되지 않는 질병이 있었다는 사실은 당신에게 어떤 것들을 깨닫게 합니까?

⑧ 그리스도인이라면 누구나 알아야 할 말씀, 고린도후서 5장 17절을 외워서 쓰십시오.

도움

• 바울은 그의 가장 개인적인 서신인 고린도후서에서 '자랑' 이란 말을 무려 31회나 사용했습니다. 그러나 그가 누구에게 대해 무엇을 자랑했는지를 주목하십시오. "자랑하는 자는 주 안에서 자랑할찌니라 (10:17)."

도움

나눔

• 당신에게 있어서 '가시' 가 있다면-오래끄는 질병, 어떤 핸디캡은 무엇이며, 또 어떻게 생각해야 합니까?

묵상

당신은 당신이 벌어들이는 것으로 생계를 꾸려갑니다. 그러나 구제하고 주는 것에 의해서 당신의 삶은 만들어집니다.

수업일 20 년 월 일

제 38 과

갈라디아서를 소개합니다

열린마음 '우리 가족을 소개합니다.' 온 가족을 간략히 묘사하기

함께 읽을 말씀

그리스도께서 우리로 자유케 하려고 자유를 주셨으니 그러므로 굳세게 서서 다시는 종의 멍에를 메지 말라(갈5:1).

바울과 바나바는 일차 전도여행 중에 갈라디아 지역을 방문했는데, 그 결과로 갈라디아 교회가 설립되었습니다. 그후, 49년의 2차 전도여행 때에는 교회가 더욱 견고해졌다. 그런데 바울이 떠나자마자 어떤 율법 선생이란 자들이 나타나 '행위로 구원을 얻는다' 고 유혹하며 할례와 율법을 주장하여 교인들을 혼미케 하였습니다. 바울은 천국을 소유하는 것은 율법을 지킴으로써가 아니라 은혜로 이루어짐을 논증하며, 인간공로의 거짓복음을 논박하고 믿음으로 의롭게 되는 칭의의 복음이 우월함을 입증하고 있습니다.
1~4장에서 이신득의를, 5~6장에서 그리스도인의 생활윤리를 말하고 있습니다.

I. 바울의 분노

바울은 갈라디아인들이 유대교 교사에 의해 쉽사리 미혹됨을 보았습니다.

1 바울은 저주를 받을 대상을 누구라 하였습니까?

2 그러면 바울이 전한 복음은 무엇이었습니까? (2:16)

그러나, 저들은 하나님의 구원을 받기 위해 자신의 힘으로 '무엇인가' 할 수 있을 것이라고 생각했습니다.

3 이 복음을 바울은 어디에서 얻었습니까? (1:12)

그는 아라비아 광야에 들어가 3년 동안 하나님의 말씀을 들었고, 성령의 가르침을 받았습니다.(1:17,18)

Ⅱ. 그리스도인의 자유

유대교 교사들은 갈라디아 성도들이 그리스도 안에서 누리는 자유를 버리고 율법에 얽매인 생활을 받아들이도록 요구하고 있었습니다.

4 그리스도께서 우리에게 주신 것은 무엇입니까? (5:1)

5 그 자유가 방종으로 가지 않기 위해 우리가 힘써야 할 것은 무엇입니까? (5:13)

6 사람의 본성(육)속에 자연스레 배어 있는 악행들은 어떤 것들이 있습니까?(5:19~21)

……………………………………………………………………………………

……………………………………………………………………………………

육체의 욕심에 다시 얽매이지 않기 위해서는 어떻게 해야 합니까?(5:16)

……………………………………………………………………………………

……………………………………………………………………………………

여기서 바울은 '자유' 라는 단어를 열 한번이나 사용하고 있습니다. 그래서 갈라디아서는 '그리스도인의 자유헌장' 이라고 불리웁니다.

Ⅲ. 그리스도인의 열매

만일 누가 당신에게 "그리스도인은 어떤 사람입니까?" 라고 물어왔다면 당신은 무엇이라 하겠습니까?

7 그리스도인의 모습을 가장 잘 묘사한 곳은 바로 갈5:22,23입니다. 성령의 열매의 아홉가지 특징을 써보십시오. 당신에게 이 열매가 있나요?

……………………………………………………………………………………

……………………………………………………………………………………

8 위 특징을 다음과 같이 구분할 수 있습니다.

- 내면적인 태도 - (　　　)(　　　)(　　　)
- 외부적인 행동들 - (　　　)(　　　)(　　　)
- 하나님께 대한 반응 - (　　　)(　　　)(　　　)

이 모든 것은 틀림없는 그리스도인의 표시입니다.

이것을 바울이 "열매들" 이라는 복수 대신 "열매(Fruit)" 라는 단수를 사용하여 아홉가지 미덕의 통일성을 보여주고 있음은 우연이 아닙니다.

9 이 열매를 맺기 위해 우리는 어떻게 해야 합니까? (요15:4,5)

....

....

열매는 좋은 나무에 '자연스레' 맺히는 것 입니다. 결코 인위적으로 만들 수는 없는 것입니다.

도움

- 기독교가 다른 종교로부터 구분되는 한 가지 요소는, 하나님의 은혜입니다. 받을 가치가 없는 인간에게 하나님께서 끝없이 주시는 것이 곧 은혜입니다. 율법은 우리의 부족을 보여주나 은혜는 그 부족을 채워주시는 하나님의 계획을 보여줍니다.

나눔

- 갈6:7의 말씀에 근거하면 오늘 내가 하는 말과 행동의 씨앗들은 언제 어떻게 거두어진다고 봅니까? 그렇다면 또 어떻게 해야 합니까?

묵상

자유는 우리가 좋아하는 것의 노예가 되기 위해 우리가 싫어하는 것으로부터 자유로워지는 특권입니다.

수업일 20 년 월 일

제 39주제

에베소서를 소개합니다

열린마음 반대의 경우를 상정하여, "만일 내가 남자(여자)였다면..."

함께 읽을 말씀

우리가 다 하나님의 아들을 믿는 것과 아는 일에 하나가 되어 온전한 사람을 이루어 그리스도의 장성한 분량이 충만한 데까지 이르리니(엡4:13).

에베소는 당시 3대 국제무역도시 중 하나였으며 에게해를 가운데 두고 예술과 학문에 있어서 고린도와 쌍벽을 이루는 도시였습니다. 또 아데미(Diana) 숭배가 성했습니다. 그럼에도 불구하고 바울은 3차 여행 중 3년 동안 머물면서 교회를 개척했습니다(행19:8~10). 그 후 에베소 교회는 지방 다른 교회에 비해 어머니 교회의 역할을 하며 예루살렘, 안디옥 교회의 뒤를 이어 선교의 역할을 감당하였습니다.
본서는 1~3장이 교리를, 4~6장이 그리스도인의 의무를 말하고 있습니다.

Ⅰ. 갇힌자로부터 온 편지

사도 바울은 3차선교여행 후, 체포되어 로마로 압송되었습니다. 에베소 교회를 설립 10년이 지난 지금, 로마의 음침한 감옥에 구금된 상태에서 이 글을 쓴 것입니다.

1 사도행전 19:17~20에 나타난 에베소 성도들의 회심에 대한 전후의 환

경은 어떠했습니까?

....

....

2 에베소 서신에는 그리스도 '안에서' 와 같은 표현이 35회나 나옵니다. 이와 유사한 표현을 1장에서 5개 이상을 찾을 수 있습니까?

....

....

그렇습니다. 모든 것의 가치는 '그리스도 안에' 만 있습니다.

3 에베소 교회를 섬겼던 사람들은 다양합니다.

바울→(　　와　　)(행18:18,19)→(　　)(딤전1:3)→(　　)(딤후1:18)

그리고 사도 요한이 활동한 본거지이기도 합니다.

Ⅱ. 죽었던 우리를 살리심

바울은 그의 독자들이 그리스도 안에서 실제로 얼마나 부유한가를 알기를 바라는 것이었습니다.

4 모든 그리스도인은 먼저 무엇을 깊게 깨달아야 합니까? (1:18,19)

....

....

5 우리의 과거(2:1) ....

우리의 현재(2:5) ....

이것은[행위에서 난 것, 하나님의 선물](으)로 말미암은 것입니다(고를 것).

6 우리가 과거에는(2:12) (   )밖에 있었으나, 그러나 이제는 (2:13) (   )로 가까워졌습니다.

• 엡 2:8은 종교개혁의 모토로 사용된 구절입니다. 오직 은혜로! 오직 하나님의 영광을 위하여! (Sola gratia! Soli Deo gloria!)

Ⅲ. 그리스도인의 삶

우리는 이제 낡은 생활의 옷을 벗어 버리고 새로운 생활을 담은 새 옷을 입어야 합니다.

7 다음을 채우십시오.

(5:1,2) ....

(5:8) ....

(5:15,16) ....

(5:18) 성령의 충만을 받으라

8 물론 그리스도인의 가정생활은 더욱 모범이 되어야 합니다.

	대상	중요명령	명령을 지킬 이유
5:22	아내들		
5:25~33			
6:1~3			
6:4			

9 또한 모든 그리스도인은 병사입니다. 엡 6장은 모든 그리스도인의 무기고입니다. 엡6:14~17을 참조하여 무장해 보십시오.

	무장	상징	공격 혹은 방어
1	허리띠	진리	방어용
2			
3			
4			
5			
6			

도움

• 〈보좌의 방〉 방문 앞에는 건강한 율법의 문지기가 있다. 나를 보고 묻는다. "증명서라도 있소?" "저는 죄인입니다. 여기 계신 어린양을 뵈러 왔습니다. 증명서 같은 것은 없습니다." 그 때 보좌 쪽에서 은혜의 음성이 들려온다. "들게 하라. 그는 내 양 중의 하나이니라. 내 피가 모든 것을 감싸주노니 그 어떤 증명도 필요치 않으니라."

나눔

• 엡6장의 완전무장에 '등 뒤를 위한 장비' 가 없습니다. 여기에서 발견하는 의미와 자세는 무엇일까요?

묵상

나는 십대의 소년 시절에 읽었던 이 바울 서신을 결코 잊을 수 없다. 내가 읽은 어떤 위대한 문학 작품들보다도 나의 사상과 생각에 가장 결정적인 영향을 끼쳤다.

- F.F.브루스 -

• 수고하셨습니다.

다음 제4권에서는 빌립보서부터 계시록까지 진행됩니다.